野菜まるごと

畑のびん詰め

季節のファームキャニング

西村千恵

農薬を使わず懸命に育ててきたにもかかわらず、色や形が不ぞろいだからと廃棄されてしまう野菜があります。私たち『FARM CANNING』は、農家さんたちからそんな「もったいない野菜」を仕入れて、あると便利なおかずの素や万能調味料としてびん詰めに加工し、販売しています。この取り組みを、無理なく長く続けていくため、調理方法はシンプルに。また、野菜を食べきるための取り組みだから、幅広く活用できて、食がどんどん進むような味つけを工夫してきました。そんなレシピが野菜好きな皆さんのお役に立つかもしれないと、この書籍を作ることに。"FARM CANNING"とは、文字どおり「畑のびん詰め」です。この名前は、欧米の家庭で代々受け継がれてきた保存食の知恵、「HOME CANNING（自家製のびん詰め）」からヒントを得た造語です。家庭菜園を楽しんでいる人、旬の野菜を取り寄せている人、ファーマーズマーケットや道の駅で野菜を買うのが好きな人、野菜不足を解消したい人、ふだんの料理に時間をかけられない人にも――。畑の恵みをまるごと詰め込み、簡単に、おいしく楽しく食べつくすレシピとして、活用していただけることを願っています。

FARM CANNING 代表　　西村千恵

〈もくじ〉

●びんは直前に煮沸消毒したものを使います。特に記載のない限り、調理したものが熱いうちにびんに詰めます。出来上がったびん詰めは粗熱が取れてから冷蔵庫で保存し、1週間で使いきるようにしてください。●レシピに示した計量は、「カップ1＝200㎖」「大さじ1＝15㎖」「小さじ1＝5㎖」です。「1㎖＝1cc」です。●各びん詰めの出来上がり分量はびんそのものの容量ではなく、内容物の正味で計算しています。お使いのびんの容量によって適宜調整してください。●砂糖は、本書ではてんさい糖を使っていますが、好みのものでかまいません。「植物油」とある場合は、ヒマワリ油、ゴマ油（白）、米油など、においのきつくないものを使います。●レモンを皮ごと使う場合は、できるだけ無農薬のものを選びます。●豆乳は、本書では無調整のものを使っています。●作業中、手指や調理器具は常に清潔を保ち、煮沸消毒や脱気の際には、やけどをしないよう十分注意してください。

各びん詰めは、本体そのものの作り方と、そのアレンジ例のレシピを紹介しています。
そのほかにも、活用アイデアとして、「そのまま」「かける」「まぜる」のヒントをいくつか紹介しています。
これらを参考に、びん詰めを大いに楽しんでください。

 そのまま器に移すだけ、
調理しないで添えたり
はさんだりするだけのもの

 ごはんや
焼いた魚に
かけるだけのもの

 ほかの食材と
まぜたりあえたりして
アレンジできるもの

畑のびん詰めがあれば。

毎日が
こんなに楽しい!
おいしい!

そのままでおいしい

お店に行かなくても、
野菜のデリが
いつでもテーブルに

「セロリのクミン炒め」
⇒作り方は79ページ

「キクイモのシナモンピクルス」
⇒作り方は78ページ

ホームパーティーが楽しい

持ち寄りに、おもてなしに。
下ごしらえいらずだから
気軽に集まれる

おすそ分けも手軽に

びん詰めがあれば
ちょっとしたおみやげにも
「ひと手間」の気持ちが込められる

思い立ったらピクニック

晴れた日には、
ピクニックランチが気持ちいい。
バスケットにびん詰めと、
バゲットやワインをサッと詰めて
近所の公園へ。

「セロリのクミン炒め」を使った
セロリと卵のスープ
⇒作り方は79ページ

「青菜仕事」を使ったそぼろごはん
⇒作り方は110ページ

5分でごはん

疲れて帰ってきた日も、
びん詰めがあれば
包丁いらずで炒めるだけ、
まぜるだけで野菜たっぷりの
晩ごはんが5分でできる!

春のびん詰め

Spring

まるで寒さに凍えるように、
冬の間はガサガサだった山の斜面が芽吹き始めると、
畑の周りはざわざわとした雰囲気に包まれます。
ルッコラは白い十字形の花を咲かせていて、
初めて口にした時、
こんなに小さいのにちゃんとルッコラの味がする！と感心。
以来、花を食べることが畑の楽しみのひとつになりました。
分厚い葉っぱが甘いシュンギク、みずみずしいタマネギ、
ぽかぽか陽気に包まれて、にぎやかに咲くナバナたち。
春の畑は生命力でいっぱいです。

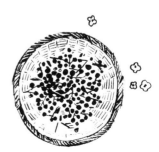

彩りとほろ苦さが春らしい。

菜の花ペペロン

⇒作り方は18ページ

Arrange

アサリの酒蒸し

新タマネギのシャキシャ感を存分に。

新タマネギと
フェンネルのドレッシング

Arrange

魚介のマリネ

⇒作り方は19ページ

菜の花ペペロン

《材料》 230mlのびん2本分

- ナバナ(花付きのもの) …… 200g
- オリーブオイル(炒め用) …… 大さじ4
- ニンニク(みじん切り) …… 2かけ分
- トウガラシ(輪切り) …… ½〜1本分
- 塩 …… 小さじ1
- コショウ …… 適量
- オリーブオイル(仕上げ用) …… カップ⅔〜1

《作り方》

1. ナバナは花と茎に切り分け、茎は1〜2cm長さに切る。

2. ❶に塩小さじ½(分量外)をふりかけて軽くもみ、5分間ほどおいて水けを出し、軽く絞る。

3. オリーブオイル(炒め用)をフライパンに入れ、ニンニク、トウガラシを炒める。香りが立ったら茎部分を加え、一緒に炒める。

4. ❷の花の部分を入れてサッと炒め、塩、コショウを加える。

5. びんの中に❹の茎を下に、花を上に詰め、オリーブオイル(仕上げ用)をヒタヒタになるまで注ぐ。

Arrange アサリの酒蒸し

《2人分》
「菜の花ペペロン」½〜1本分をフライパンで軽く炒め、砂抜きしたアサリ300gと酒大さじ2を加えてふたをし、蒸す。アサリの口が開いたら軽くかきまぜる。

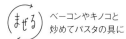 ベーコンやキノコと炒めてパスタの具に

 オムレツの具に

新タマネギとフェンネルのドレッシング

《材料》 230mlのびん2本分

- 新タマネギ(中) …… 1コ(約200g)
- フローレンスフェンネルの葉 …… 20〜30g
- フローレンスフェンネルの株元(白く肥大した部分) …… 50g
- オリーブオイル …… 大さじ4
- ホワイトバルサミコ酢(リンゴ酢などの果実酢で代用可) …… 大さじ4
- エディブルフラワー(あれば。好みのものでよい) …… 適量
- 塩 …… 小さじ1
- コショウ …… 適量

※好みでほかのハーブやスパイスを加えてもおいしい。

《作り方》

1. 新タマネギ、フェンネルの葉、株元はみじん切りにし、エディブルフラワーは茎を取り除いて花びらのみにする。

2. ボウルに①と、そのほかの材料をすべて入れてよくかきまぜる。

3. びんに詰める。数時間おくと味がよくなじんでくる。

Arrange 魚介のマリネ

《2人分》
エビ6匹(100g)は殻付きのまま背ワタを取りゆでる。
冷めたら殻をむき、ボウルに「新タマネギとフェンネルのドレッシング」½本分と、ゆでダコ(薄切り)70gを入れてあえる。

 刻んだトマトとニンニク、トウガラシを加えてサルサソースに

 グリルしたチキンやラム肉のソースに

ハーブの
グリーンソース

ルッコラ、シュンギク、ミントの
さわやかなソース。

⇒作り方は24ページ

Arrange

チキンソテーの
グリーン・クリームソース

エスニックな香りと酸味が食欲を誘う。

ザワークラウト
スパイス風味

Arrange

ザワークラウトと豆の
エスニックサラダ

⇒作り方は25ページ

ハーブのグリーンソース

《材料》

270mlのびん1本分

- ルッコラ …… 50g
- シュンギク …… 50g
- ミント（生）…… 20g
- ミックスナッツ（無塩）…… 20g
- ニンニク …… 1かけ
- オリーブオイル …… 130ml
- 塩 …… 小さじ1
- 黒コショウ（粗びき）…… 適量

《作り方》

1. ルッコラ、シュンギク、ミントは、洗って水けをきり、ザク切りにする。

2. ミックスナッツは、アルミ箔を敷いた魚焼きグリルなどで軽くローストする。

3. 鍋に①、②とニンニク、オリーブオイルを入れ、ハンディブレンダーでペースト状になるまで撹拌する。

4. ③を中火にかけ、クツクツしてきたら弱火にし、かきまぜながら5分間ほど煮て、塩・黒コショウで味を調える。

5. ④をびんに詰める。

Arrange チキンソテーのグリーン・クリームソース

《2人分》フライパンにオリーブオイル少々を入れて温め、軽く塩をふった鶏もも肉1枚（200g）を皮を下にして入れ、中火で焼く。こんがりと焼き色がついたら上下を返してさらに焼き目をつけたらふたをして弱火にし、5分間蒸し焼きにする。フライパンに出た鶏肉の脂をペーパータオルで吸い取り、「ハーブのグリーンソース」大さじ2½、生クリーム（豆乳でもよい）80mlを入れる。全体をまぜながら鍋肌が見えるくらいのとろみになるまで鶏肉にからめながら煮詰める。好みでミントを添える。

 サンドイッチのバターやマヨネーズ代わりに塗る

 つぶしたゆで卵とまぜてタルタルソース風に

ザワークラウト スパイス風味

《材料》

700mlのびん（広口のもの）1本分

- キャベツ …… ½コ（約500g）
- 塩 …… 10g（キャベツの重さの2%）
- ローリエ（生）…… 2～3枚
- 黒コショウ（粒）…… 10粒
- クローブ（粒）…… 5粒
- クミン（粒）…… 小さじ1

《作り方》

1. キャベツは葉を1枚残して（あとで使う）せん切りにする。

2. ボウルに①と塩を入れてよくもみ、しんなりさせる。ローリエ、黒コショウ、クローブ、クミンを加えてさらにまぜ、軽く絞って水けを出す。

3. びんに汁ごと②を詰め、残しておいたキャベツの葉をふた代わりにのせ、全体を覆うようにラップをかけ、おもしをのせる（おもしは水を入れたペットボトルやびんで代用可能）。

4. 常温で寒い時期なら5～7日間、暑い時期は3～5日間おき、酸っぱい香りがしてきたら食べごろ。

 Arrange　ザワークラウトと豆のエスニックサラダ

《2人分》
「ザワークラウト スパイス風味」¼本分を汁けをきってボウルに入れ、サラダ用ミックスビーンズ100gとカレー粉小さじ1を加えてよくまぜる。

 肉料理の付け合わせに

 ハムやチーズと一緒にサンドイッチの具に

 炒めたタマネギ、ソーセージと煮込んでポトフに

ソラマメのずんだ

そのまま

ソラマメのずんだ

《材料》 350㎖のびん1本分

- ソラマメ（薄皮付き）…… 420g
- 砂糖 …… 50g（ゆでて薄皮をむいたソラマメの重さの20％）
- 塩 …… 1つまみ

《作り方》

1. ソラマメは柔らかくなるまでゆでて薄皮をむく。

2. 鍋にソラマメ、砂糖、塩、水大さじ2を加えて中火にかけ、砂糖が溶けるまで1〜2分間よくまぜる。

3. ②をハンディブレンダーにかけ、冷めたらびんに詰める。

Arrange かんたんミニどらやき

《直径6㎝のどらやき10コ分（「ソラマメのずんだ」約½本分）を使う》 ボウルに卵2コ、砂糖50g、はちみつ大さじ1を入れてよくまぜる。ふるった薄力粉80g、ベーキングパウダー小さじ½、水大さじ3を加えてまぜ合わせる。熱したフライパンに植物油を薄くひき、生地を大さじ1ずつ落として弱火で両面がきつね色になるまで焼く。20枚作り、「ソラマメのずんだ」大さじ1ずつをはさむ。

 白玉だんごと一緒に　　かける アイスのトッピングに

とろけるニンニクが香るオイルは
ストックしておくと重宝。

ニンニクと
ハーブのコンフィ

⇒作り方は32ページ

Arrange

シイタケとタコの
アヒージョ

ケールの苦みがレモンでやわらぐ。

ケールの
レモンジンジャーソース

Arrange

ビーフステーキの
ケールソース

⇒作り方は33ページ

ニンニクとハーブのコンフィ

《材料》 230mlのびん1本分

- ニンニク …… 3玉（約150g）
- オレガノ（枝付き。10cmくらい）…… 2本
- ローズマリー（枝付き。10cmくらい）…… 2本
- 黒コショウ（粒）…… 8粒
- オリーブオイル …… カップ½

《作り方》

① ニンニクは1かけずつにばらして薄皮をむく。
オレガノとローズマリーは洗ってペーパータオルなどで水けを拭き取る。

② 小鍋に①のニンニクを入れてオリーブオイルを注ぐ。中火にかけて、フツフツとしてきたら弱火にして15分間ほど煮る。

③ ②にオレガノとローズマリー、黒コショウを入れ、さらに5～10分間弱火で煮て火を止める。

④ 粗熱が取れたらハーブを取り出し（かけらは残ってもよい）、びんに詰める。

Arrange シイタケとタコのアヒージョ

《2人分》 生シイタケ2枚は石づきを切り落とし4等分に切る。小鍋に「ニンニクとハーブのコンフィ」のオイルカップ½と具のニンニク6かけ、シイタケ、一口大に切ったゆでダコ60gを入れて塩小さじ¼をふり、中火にかける。フツフツと煮立ってきたら火を弱め、3～4分間たったら火から下ろす。タコの代わりにエビやブロッコリーなどでもおいしい。

 ラタトゥイユのコク出しに

 ニンニクをつぶし、マヨネーズとまぜてディップに

 炒めもの用のオイルとして

ケールのレモンジンジャーソース

《材料》 300mlのびん1本分

- **ケール** …… 1枚（約80g）
- **レモン汁** …… カップ¼
- **レモンの皮** …… 1コ分
- **ショウガ**（皮ごと）…… 30g
- **塩** …… 小さじ1½
- **オリーブオイル** …… カップ½〜⅔

《作り方》

1. ケールはみじん切りに、ショウガはよく洗って皮ごとすりおろす。

2. レモンの皮は黄色い部分だけを薄くそぎ取り、ごく細いせん切りにする。

3. ボウルに①、②と残りの材料をすべて入れてよくまぜ、びんに詰める。

Arrange　ビーフステーキのケールソース

《ステーキ1枚分》 ステーキ用牛肉1枚（500g）は常温に戻しておく。アツアツに熱したグリルパンで両面に焼き目がつくまで強火で焼き、塩・コショウ少々をふる。好みの火入れをしたら「ケールのレモンジンジャーソース」をたっぷりかける。

 ソテーした
白身魚に

 一口大に
切ったアボカドと
あえてサラダに

 ニンジンの
せん切りとあえて
キャロットラペに

甘すぎない大人のデザートに。

イチゴとミントの
コンフィチュール

⇒作り方は38ページ

Idea
チーズの
イチゴソースがけ

キュートな彩りが料理のアクセントに。

ラディッシュの甘酢漬け

夏の畑といえば、
思い出すのは次男がよちよち歩きをする光景。
同じぐらいの背丈があるオクラの間を通り抜けたり、
しゃがんで土をいじったりする姿がなんともかわいくて
たまらない思いがしたものです。
畑の中では、野菜もすくすく、子どももすくすく。
太陽の光を浴びて、グングン育った地植えのトマトは
がぶっとかじってみると、
ほんのりとした青臭さがなんとも懐かしく
その味の濃さに、大地のエネルギーを感じます。

色や味の違いを楽しんで。

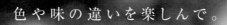

ミニトマトの
3色ソース

Arrange

エビ の ショート パスタ

⇒作り方は46ページ

ほのかな酸味が
夏のデザートにぴったり。

トマトのシロップ

Idea

トマトのかき氷

⇒作り方は47ページ

ミニトマトの3色ソース

《材料》 150㎖のびん合わせて3本分　　《作り方》

黄 のトマトソース

- ミニトマト(黄) …… 150g
- オリーブオイル …… 大さじ3
- 塩 …… 小さじ½

❶鍋にオリーブオイル、ミニトマトを入れて、柔らかくなるまで中火で炒める。❷水けが出てきたら塩を加える。焦げつかないようにへらでまぜながら、とろみがつくまで煮詰める。

赤 のトマトソース

- ミニトマト(赤) …… 200g
- ニンニク(みじん切り) …… ½かけ分
- オリーブオイル …… 大さじ4
- 塩 …… 小さじ½

❶鍋にオリーブオイル、ニンニクを入れてゆっくりと温め、香りを出す。❷ミニトマトを加えて柔らかくなるまで中火で炒める。❸水けが出てきたら塩を加える。焦げつかないようにへらでまぜながら、とろみがつくまで煮詰める。

緑 のトマトソース

- ミニトマト(緑) …… 50g
- オリーブオイル …… 大さじ2
- 塩 …… 1つまみ
- 白ワイン …… 大さじ2
- a ┃ バジルの葉(みじん切り) … 5〜10枚分
  ┃ 塩 ……小さじ⅓

❶鍋にオリーブオイル、ミニトマトを入れて、中火で炒める。❷塩を加え、焦げつかないようにへらでまぜる。トマトが柔らかくなったら白ワインを加え、さらにとろみがつくまで、まぜながら煮詰める。❸aを加えてよくまぜる。

※aは、ジェノベーゼソース大さじ½でも代用可。

Arrange　エビのショートパスタ

《2人分》ショートパスタ160gはたっぷりの湯で袋の表示時間どおりにゆでる。フライパンに「ミニトマトの3色ソース」1本分を入れて温め、殻をむいて背ワタを取ったエビ8匹(120g)を加える。エビの色が変わったらパスタのゆで汁玉じゃくし1杯分を加え、軽く煮立てながら煮詰める。ゆで上がったパスタの湯をきって加え全体をよくまぜる。

 そのまま ピザソースとして　 まぜる チキンライスなどのケチャップ代わりに　 まぜる 豆と煮込んでスープに

トマトのシロップ

《材料》 350mlのびん1本分

・ミニトマト …… 500g
・砂糖 …… 200g
・白ワイン …… 大さじ2
・レモン汁 …… 大さじ2
・塩 …… 1つまみ

《作り方》

1. ミニトマト400g分はヘタを取りタテ4等分に切る。

2. 鍋に①の切ったミニトマトと砂糖を入れて中火で煮る。クツクツと煮立ってきたら火を弱め、たまにへらでかきまぜながら弱火で15〜20分間煮る。

3. ミニトマトの形がなくなってきたら残りのミニトマト（まるごと）と、白ワイン、レモン汁、塩を加え、さらに5分間ほど煮詰めたら火を止めて冷ます（まるごとのミニトマトはあえて形を残して食感を楽しむ）。

4. ③をびんに詰める。

Idea　トマトのかき氷

かき氷はもちろん、アイスクリームやヨーグルトに「トマトのシロップ」をかけても。ヨーグルトとまぜて凍らせた、フローズンヨーグルトもおすすめ。炭酸で割れば、栄養豊富な夏のドリンクに。

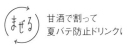　甘酒で割って
夏バテ防止ドリンクに

　パンケーキやフレンチトーストの
シロップとして

水分をとばして
トマトのうまみがさらにアップ。

ドライトマトの
オイル漬け

Arrange

ドライトマトのキッシュ

⇒作り方は52ページ

夏の前菜、おつまみに大活躍。

キュウリの
ピリ辛スティック

Arrange

豚肉とキュウリの
中華風炒め

⇒作り方は53ページ

ドライトマトのオイル漬け

《材料》 200mlのびん1本分

- ミニトマト …… 200g
- 塩 …… 2つまみ
- オリーブオイル …… 約カップ½
- ローズマリー（枝付き。10cmくらい）…… 2～3本

《作り方》

1. ミニトマトはタテ半分に切る。

2. オーブンを120℃に温めておく。

3. 天板に①のトマトを切り口を上にして重ならないように並べ、塩をふりかける。

4. ③を温めたオーブンに入れて、1時間ほど焼く。

5. ④のトマトにローズマリーをのせてさらに1時間ほど焼く。

6. 水分がとんで縮んだら天板をオーブンに入れたまま冷ます。

7. ⑥のトマトが完全に冷めたらびんに入れ、ヒタヒタになるまでオリーブオイルを入れ、オイルからトマトが出ないように軽く押し込む。

Arrange　ドライトマトのキッシュ

《直径20cmの型1台分》冷凍パイシート1枚を型よりも5cmほど大きくのばし、型に敷き込みフォークなどで穴を開け200℃のオーブンで15分間ほど焼く。フライパンに「ドライトマトのオイル漬け」のオイル大さじ2とドライトマト8切れを入れて熱し、刻んだタマネギ1コ分（200g）、しめじ100gを加え塩2つまみをかけてよく炒める。ボウルに炒めた野菜と卵4コ、牛乳カップ1½（豆乳でもよい）、粉チーズ50gを入れてよくまぜフィリングを作る。これを焼き上がったパイに流し入れ、180℃のオーブンで15分間ほど焼く。いったん取り出してドライトマトを適量トッピングしさらに10分間ほど焼く。好みで仕上げに刻んだハーブを散らす。

 ピザ、トーストのトッピングに

 スペイン風オムレツの具に

キュウリのピリ辛スティック

《材料》 350mℓのびん1本分

- キュウリ …… 3〜4本(約380g)
- 植物油(炒め用) …… 大さじ1
- ニンニク(薄切り) …… 1かけ分
- トウガラシ(種を取り除く) …… 1本分
- 紹興酒 …… 大さじ2
- 塩 …… 小さじ½強
- 青ジソ(せん切りにする) …… 4枚分
- 植物油(仕上げ用) …… 適量

《作り方》

① キュウリはヘタを落とし、太い場合はタテ¼、細い場合はタテ半分に切り、さらに、びんの高さに切りそろえる。

② フライパンに植物油(炒め用)とニンニクを入れて中火で炒める。香りが立ったら、キュウリを入れて強火で炒める。

③ キュウリにツヤが出てきたら、水大さじ4、紹興酒、塩を入れて中火にし、アルコール分をとばす。トウガラシを加え、キュウリが少ししんなりとしてきたら青ジソを加えて炒め合わせる。

④ ③のキュウリをびんに詰め、フライパンの煮汁を入れる。植物油(仕上げ用)を注ぎ、キュウリがヒタヒタになる状態にする。

※トウガラシは好みで増減を。

Arrange　豚肉とキュウリの中華風炒め

《2人分》 植物油少々を入れて温めたフライパンに一口大に切った豚バラ肉150gを入れて炒める。
豚肉に火が通ったら「キュウリのピリ辛スティック」½本分のキュウリを加えてサッと炒め合わせる。
彩りにトウガラシをトッピングしても。

 そのまま ビールのお供に　 まぜる ゆでた春雨とサラダに

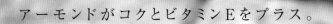

アーモンドがコクとビタミンEをプラス。

ズッキーニとアーモンドの
オイル漬け

まぜる

⇒作り方は56ページ

ナスの
さわやかディップ

焼きナスのトロトロ感を
そのままディップに。

⊃作り方は57ページ

ズッキーニとアーモンドのオイル漬け

《材料》 500mlのびん1本分

- ズッキーニ（大）…… 1本（約300g）
- 塩 …… 小さじ1
- オリーブオイル（炒め用）…… 大さじ1
- ニンニク（薄切り）…… 1かけ分
- **素焼きアーモンド**（無塩）…… 20g
- **オリーブオイル**（仕上げ用）…… カップ½〜¾

《作り方》

1. ズッキーニは2cm幅の輪切りにする。塩をふって軽くもみ、出てきた水けをきる。

2. フライパンにオリーブオイル（炒め用）を入れて、❶のズッキーニを焼く。片面に焼き色がついたら上下を返し、ニンニクとアーモンドを加えさらに焼く。

3. ズッキーニの両面に焼き色がついたら、びんに入れ、具がヒタヒタになるぐらいまでオリーブオイル（仕上げ用）を注ぐ。

Arrange ズッキーニのオイルパスタ

《2人分》パスタ160gはたっぷりの湯で袋の表示時間どおりにゆでる。フライパンに「ズッキーニとアーモンドのオイル漬け」のオイル大さじ2と具½本分を熱し、パスタのゆで汁大さじ3を加えてよくまぜ、湯きりしたパスタを加えてあえる。味をみて塩・コショウで調える。

そのまま パルメザンチーズをふりかけておつまみに

まぜる トマトと炒めたタマネギでラタトゥイユに

まぜる 一口大に切って塩をふったカジキマグロをオイル煮に

ナスのさわやかディップ

《材料》 200mlのびん1本分

・ナス …… 2本（約250g）
・オリーブオイル …… 大さじ3
・ニンニク（すりおろす）…… ½かけ分
・塩 …… 小さじ½
・白ワイン …… 小さじ2
・レモン汁 ……小さじ2

《作り方》

1 ナスのお尻の部分の皮に十文字の切れ目を入れ、網焼きにする。皮が黒くなり、中身がフワフワに柔らかくなるまで焼く（魚焼きグリルの場合は中火で約15分間）。

2 ①の皮をむき、フォークの背などでつぶす。鍋に入れてオリーブオイル、ニンニク、塩、白ワインを加え、中火にかけ、5分間ほどまぜながら火を通す。レモン汁を入れてよくまぜたら、火を止める。

3 ②をびんに入れ、表面を覆うようにオリーブオイル（分量外）を注ぐ。

 Idea　ナスディップのオードブル

日本でおなじみの焼きナスを、地中海沿岸地域でよく食べられているディップ風にアレンジした「ナスのさわやかディップ」。バゲットにのせ、ハーブを添えれば、オードブルに。

 かける　グリルした夏野菜にたっぷりかけて

 まぜる　刻んだアジの刺身とあえてなめろう風に

 まぜる　ヨーグルトとクミンパウダーを加えてエキゾチックなソースに

シイタケと削り節のうまみで
定番の常備菜に。

ピーマンの
だしじょうゆ煮

そのまま

→作り方は60ページ

サヤインゲンの甘みに
ニンニクのパンチがマッチ。

サヤインゲンの
スプレッド

⇒作り方は61ページ

ピーマンのだしじょうゆ煮

《材料》 300㎖のびん1本分

- ピーマン …… 4コ
- 干しシイタケ（水で戻したもの）…… 3枚
- ゴマ油 …… 大さじ2
- 削り節 …… カップ1

a
- 干しシイタケの戻し汁 …… 大さじ4
- みりん …… 大さじ3
- 酒 …… 大さじ1
- しょうゆ …… 大さじ1

《作り方》

1. ピーマンはヘタを取り、種とワタを付けたまま、粗みじん切りにする。干しシイタケは石づきを取り、粗みじん切りにする。

2. 鍋にゴマ油を入れ、中火で❶をじっくり炒める。ピーマンの色が変わってきたら、**a**を入れて軽く煮立たせる。

3. 弱火にして削り節を加え、汁けが半分くらいになるまで煮詰める。

4. ❸をびんに詰める。

 ピーマンののっけごはん

干しシイタケと削り節のうまみをプラスした「ピーマンのだしじょうゆ煮」は、炊きたてのごはんにのせるだけでお代わり必至。

 そのまま　焼いた厚揚げのトッピングに

 まぜる　溶き卵とまぜて焼けばだし巻き卵に

 まぜる　鶏ひき肉とまぜて焼きつくね風に

サヤインゲンのスプレッド

《材料》 250mlのびん1本分

- サヤインゲン …… 200g
- ニンニク …… 1かけ
- オリーブオイル …… 20ml
- 練りゴマ（白）…… 小さじ2
- レモン汁 …… ¼コ分
- 塩 …… 小さじ½
- クミンパウダー …… 少々

※飾りとしてパセリ、
パプリカパウダーなどを
かけてもよい。

《作り方》

① サヤインゲンは、ヘタと筋を取る。沸騰した湯に入れ、中の豆が柔らかくなるまで5分間ほどゆでる。

② ①を取り出し、水けをきってからザク切りにする。

③ ②のサヤインゲン、ニンニク、オリーブオイル、練りゴマ、レモン汁を容器に入れてハンディブレンダーでなめらかになるまで撹拌する。

④ ③に塩、クミンパウダーを入れて味を調える。スパイスの量や塩加減は好みで調節する。

⑤ びんに④を詰める。

Arrange 蒸し鶏のバゲットサンド

《バゲット1本分》 鶏むね肉100gの両面に2つまみずつ塩をふり、鍋に鶏肉と酒・水各大さじ2を入れてふたをし中火にかける。沸騰したら弱火にして10分間弱蒸し煮にする。火を止めて粗熱が取れるまで余熱で火を通し、食べやすい厚さのそぎ切りにする。中央に切れ目を入れたバゲット1本に「サヤインゲンのスプレッド」をたっぷり塗り、蒸し鶏、リーフレタス1〜2枚をちぎってはさむ。彩りに好みでピンクペッパーをふりかける。

 白身魚の
ソテーにかける

 蒸したジャガイモと
あえてポテトサラダや
コロッケの具に

とれた時とれた香りを
楽しむ気ままなビネガー。

ハーブビネガー

まぜる

トマトとタマネギの
うまみが効いた
カレーペースト。

⇒作り方は64ページ

まぜる

トマトマサラ
ペースト

パクチーソース

これさえ作っておけば
いつでもパクチー大盛り気分！

⇒作り方は65ページ

ハーブビネガー

《材料》

200mlのびん1本分

- セージ、オレガノ、
  ローズマリー、タイムなど
  好みのハーブ …… 適量
- 米酢・果実酢など好みの酢
  …… 約カップ1

《作り方》

1. ハーブは洗ったあと、ペーパータオルで水けをよく拭き取り、少し乾かしておく。

2. びんに❶を入れ、ヒタヒタになるまで酢を注ぐ。

3. 翌日から使えるが、時間がたって苦みが気になるようであれば、ハーブを取り出す。

Arrange　ハーブドレッシング

《カップ½（100ml分）》「ハーブビネガー」カップ¼と同量のオリーブオイル、塩小さじ1、黒コショウ（粗びき）少々をふた付きの容器に入れて、よく振りまぜる。（好みでかんきつ類の搾り汁やフレッシュハーブのみじん切りを加えても）

 かける　炒めたキノコにかけてマリネ風に

 まぜる　「パクチーソース」とまぜてエスニック風味のドレッシングに

 まぜる　ハチミツと、水か炭酸水とまぜてドリンクに

トマトマサラペースト

《材料》

150mlのびん2本分

- トマト …… 300g
- ショウガ …… 45g
- ニンニク …… 2かけ
- タマネギ …… ¼コ（約60g）
- オリーブオイル …… 大さじ2
- カレー粉 …… 小さじ3
- 塩 …… 小さじ1
- しょうゆ …… 小さじ2
- ココナツオイル …… 30g

《作り方》

1. トマトは一口大の乱切りにする。ショウガ、ニンニクはすりおろし、タマネギはみじん切りにする。

2. 鍋にオリーブオイルを入れ、❶を加えて中火でよく炒める。トマトが柔らかくなったら、カレー粉、塩を加えて火を弱め、焦がさないようによくまぜながら煮詰める。

3. しょうゆを加え、水分をとばすようにしながら、練るように煮詰める。水けがとんできたらココナツオイルを加え、さらにへらなどでまぜながら、焦げないように煮詰め、びんに詰める。

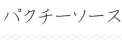

パクチーソース

《材料》

80mlのびん2本分

- パクチー …… 40g
- パセリ …… 5g
- 植物油 …… 大さじ3⅓
- ナムプラー …… 小さじ2
- 塩 …… 1つまみ
- レモン汁 …… 小さじ1
- クコの実 …… 10〜20粒

《作り方》

1. ボウルにすべての材料を入れ、ハンディブレンダーで撹拌（かくはん）する。

2. ①をびんに詰める。

Arrange　蒸し鶏のパクチーソース

《3〜4人分》鶏むね肉1枚は61ページを参照して蒸し鶏にする。
食べやすく切り分け、「パクチーソース」大さじ2をかける。
彩りに好みでクコの実をトッピングしても。

 ゆでたそうめんとあえて汁なしエスニック麺に。
蒸し鶏をちぎって入れればボリューム満点

Arrange　ひき肉のトマトドライカレー

《2人分》タマネギ100g（みじん切り）を中火でよく炒め、ニンジン50g（みじん切り）と鶏ひき肉200gを加えさらに炒める。「トマトマサラペースト」大さじ1を入れてよくまぜながら炒める。

 ヨーグルト（無糖）とまぜ、
鶏むね肉を
漬け込んで焼く

 ドライカレーが余ったら、
ココナツミルクを
加えてスープカレーに

秋のびん詰め

Autumn

みんなでイモ掘りをしていると
秋たけなわだなあという気分に。
でも、イモより私の胸をわくわくさせるものがあります。
ほったらかしでもわんさか実るハヤトウリです。
最初に見た時は、ゴジラみたいにゴツゴツした姿に
思わず「これ、食べるの?」と聞いてしまいました。
ところが、つき合い始めてみると、すごく使い勝手がいいのです。
肉と炒めるのに相性抜群で、漬物やサラダにも使えて
コンポートにしてもおいしい!
知らない野菜との出会いや発見も、畑仕事のおもしろさです。

食感を残しつつ、
スパイスで大人っぽく仕上げて。

ハヤトウリの
コンポート

⇒作り方は72ページ

Idea

ハヤトウリの
シナモントースト

秋冬はホットで、
春夏はアイスで。
年中重宝。

ジンジャーエールの素

Arrange

ホットジンジャーワイン

⇒作り方は73ページ

ハヤトウリのコンポート

《材料》 400mlのびん3本分

- ハヤトウリ（皮と種を取り除く）…… 500g
- 砂糖 …… 125g（ハヤトウリの25％）
- シナモンスティック …… ½本（5cm）
- 黒コショウ（粒）…… 10粒
- カルダモン …… 3粒

※好みでクローブなどのスパイスを加えても。
※ハヤトウリはアクが強いので手袋をして切るとよい。

《作り方》

① ハヤトウリは皮をむき、タテ4等分に切り、リンゴのように
　 種の部分を取る。一口大に切り、水にさらしておく。

② 鍋に水カップ1¾、砂糖を入れて中火にかけ、砂糖が溶けたら
　 ①を入れる。

③ 煮ているうちにハヤトウリが縮んできたらシナモンスティック、黒
　 コショウ、カルダモンを加える。

④ アクが出てきたらすくいながらさらに20分間ほど煮込む。

⑤ びんに④のハヤトウリを入れ、びんの肩までシロップを注いでふ
　 たをする。

💡 Idea　ハヤトウリのシナモントースト

トーストに「ハヤトウリのコンポート」とクリームチーズ
をのせ、シナモンパウダーをふりかけたボリュームたっ
ぷりのトースト。コーヒーとの相性抜群！

 そのまま カッテージチーズや
生ハムと合わせて
おつまみに

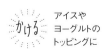 **かける** アイスや
ヨーグルトの
トッピングに

 まぜる バルサミコ酢で
煮詰めてつぶし
肉料理のソースに

ジンジャーエールの素

《材料》 800mlのびん1本分

- ショウガ(皮ごと) …… 180g
- 砂糖 …… 200g
- カルダモン …… 4粒
- クローブ …… 6粒
- コリアンダーシード …… 10粒
- 黒コショウ(粒) …… 10粒
- シナモンスティック …… 1本(10cm)
- トウガラシ(種を取り除く) …… 1本分

《作り方》

1 ショウガはよく洗い、皮付きのまま薄く切る。

2 鍋にショウガ、砂糖、水カップ2½、すべてのスパイスを入れて
中火で約15分間煮込む。

3 ショウガが柔らかくなったら火を止める。

4 びんに③を詰める。

Arrange　ホットジンジャーワイン

《150mlのマグカップ2杯分》 鍋に「ジンジャーエール
の素」のシロップ大さじ4と、具のショウガを好みの量だ
け入れて、赤ワインカップ1を注いで火にかける。ひと
煮立ちしたら火を止める。アルコールが苦手なら湯また
は水にかえても。だいたい3倍くらいに割る。

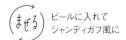 ビールに入れて
シャンディガフ風に

 豚肉(薄切り)100gとスライスした
タマネギ40gを炒め、「ジンジャーエールの素」の
シロップ大さじ2、しょうゆ小さじ1、具のショウガ数枚を
入れて炒め煮にするとショウガ焼き風に

酸味のきつくないやさしいマリネ。

ニンジンとレモンのマリネ

⇒作り方は78ページ

Arrange

ニンジンとレモンの
おいなりさん

セロリのクミン炒め

香りの強いもの同士が
絶妙に合うんです。

まぜる

⇒作り方は79ページ

シャキシャキ食感が
楽しい。

キクイモの
シナモンピクルス

⇒作り方は78ページ

ニンジンとレモンのマリネ

《材料》

230mlのびん2本分

- ニンジン …… 2本（約250g）
- a
  - 酢 …… 90ml
  - 水 …… 130ml
  - 昆布 …… 5×10cm 1枚
  - 砂糖 …… 2つまみ
  - 塩 …… 小さじ½
  - 黒コショウ（粒）…… 数粒
- オリーブオイル …… 小さじ1
- レモン（スライスしたもの）…… 2枚

《作り方》

1. ニンジンはよく洗い、皮ごとハンディブレンダーにかけてみじん切りにする（包丁で切ってもよい）。

2. マリネ液を作る。aを鍋に入れて強火にかけ、沸騰したら弱火にしてフツフツと煮立たせ、酸味がきつくならないようにとばす。昆布は、柔らかくなったら取り出す。

3. びんにオリーブオイルを入れ、レモンをびんの内側に貼りつける。

4. 3に、1のニンジンを入れ、2のマリネ液を注ぐ。

Arrange　ニンジンとレモンのおいなりさん

《6〜8コ分》硬めの水加減で白米2合を炊き、「ニンジンとレモンのマリネ」大さじ6を入れてよくまぜる。油揚げの甘辛煮（いなりずし用。市販）にまぜごはんを詰め、仕上げに黒ゴマをふる。（酢飯で作ったいなりずしよりさっぱりした味わい）

 そのまま　ドレッシング代わりに

まぜる　ポテトサラダの具に

 まぜる　タコやイカとあえてシーフードマリネに

キクイモのシナモンピクルス

《材料》 800mlのびん1本分

- キクイモ …… 500g
- a
  - 米酢または果実酢 …… 220ml
  - 塩 …… 大さじ2
  - 砂糖 …… 大さじ3
  - 水 …… カップ½
  - シナモンスティック …… 1本（10cm）

セロリのクミン炒め

《材料》

350mlのびん1本分

・セロリ …… 3本(約300g)
・クミン(粉) …… 小さじ1
・オリーブオイル(炒め用)
　　…… 大さじ2
・塩 …… 小さじ1
・酒 …… 大さじ2
・オリーブオイル(仕上げ用)
　　…… 適量

《作り方》

① セロリの軸は斜めのそぎ切りに、葉の部分は食べやすい大きさに切る。

② フライパンにオリーブオイル(炒め用)とクミンを入れて弱火にかける。

③ クミンの香りが立ってきたらセロリの軸を加えて中火にして軽く炒め、セロリの葉、塩、酒を加えてさらに炒める。

④ びんに入れ、セロリがヒタヒタになるまでオリーブオイル(仕上げ用)を注ぐ。

Arrange　セロリと卵のスープ

《2人分》 鍋に「セロリのクミン炒め」の漬け汁大さじ1と具⅓本分を入れてサッと炒め、水カップ2を加える。スープが煮立ったら溶き卵1コ分を流し入れ、卵が浮き上がってきたところで火を止め塩で味を調える。
(→写真は11ページ)

 イカと炒めておつまみに

 水けをきってちぎった木綿豆腐と炒めていり豆腐に

《作り方》

① キクイモはよく洗い、皮ごと一口大に切る。

② 鍋に湯を沸かし、キクイモを5分間ほどゆでる。

③ 別の鍋に **a** をすべて入れ、煮立たせる。

④ びんにキクイモを入れ、**③**を注ぐ。

 カブやニンジンなど冬野菜の塩もみとあえてサラダに

 豚肉とカレー粉で炒めておかずに

ほんのり甘くてクリーミー、ほっとする味。

サツマイモの
ポタージュの素

サツマイモのポタージュの素

《材料》 200mℓのびん3本分

- **サツマイモ**（大）…… 1本（約400g）
- **オリーブオイル** …… カップ¼
- **塩** …… 小さじ1½

《作り方》

1. サツマイモは皮をむき、一口大に切る。

2. 鍋にオリーブオイルを熱し、中火でイモが焦げつかないように注意しながら10分間ほど炒める。

3. イモに焼き色がついてきたら水カップ2½を加えてふたをし、10分間ほど煮る。

4. イモが柔らかくなったら火を止め、ハンディブレンダーでペースト状にする。

5. 再び弱火にかけて塩を加え、へらでかきまぜながら鍋底が見えるほどのとろみになったら火を止める。

6. ⑤をびんに詰める。

Arrange

サツマイモのニョッキ

《2人分》市販のニョッキ250gはたっぷりの湯でゆでる。「サツマイモのポタージュの素」1本分と牛乳カップ1、パルメザンチーズ大さじ3を鍋に入れてよくまぜ、弱火にかけソースを作る。ゆで上がったニョッキにソースをかけ、仕上げにパルメザンチーズと黒コショウ（粗びき）を好みの量ふりかける。

 「サツマイモのポタージュの素」と同量の豆乳か牛乳とまぜて温め、ポタージュスープに

 マフィンやパンケーキの生地にまぜて焼く

ムラサキイモとカボチャのジャム

《材料》 250mlのびん各3本分

Ⓐ ムラサキイモのジャム
・ムラサキイモ …… 300g

a
 砂糖 …… 100g
 水 …… カップ1½
 塩 …… 1つまみ
 レモン汁 …… 大さじ1

Ⓑ カボチャのジャム
・カボチャ(バターナッツなど。種とワタを取ったもの) …… 300g

b
 砂糖 …… 80g
 水 …… カップ1½
 塩 …… 1つまみ
 レモン汁 …… 小さじ2

《作り方》 Ⓐ・Ⓑ 各ジャムの作り方は共通。

① ムラサキイモ(またはカボチャ)は皮をむいて一口大に切る。

② 鍋に a (または b)の材料をすべて入れて中火にかけ、沸騰させる。

③ ❶を入れ、柔らかくなったら火を止めてハンディブレンダーでなめらかに
　なるまですりつぶす。

④ 水分が多すぎるようなら、中火で煮詰めてトロトロの状態にする。逆に
　堅いようなら、水を足して火にかけ、ゆるくする。

⑤ びんに、❹を入れる。右ページの写真のように半分ずつ入れても。

そのまま

💡 *Idea* ムラサキイモと
カボチャのタルト

市販のタルト台に「カボチャのジャム」
1本分を硬めに泡立てたホイップクリー
ムで好みのとろみにのばしたフィリング
を詰めるだけ。トッピングにもジャムとホ
イップクリームを。

かける ヨーグルトやアイスに
かけてデザートに

まぜる 白玉粉を練る時にジャムをまぜて
カラフルなおだんごに

鮮やかな色合いは
ハロウィンパーティーにもぴったり。

ムラサキイモと
カボチャのジャム

フルーツの甘みと酸味で
チャツネのような奥ゆきに。

エシャレットと
ドライフルーツのパテ

そのまま

エシャレットとドライフルーツのパテ

《材料》 250mlのびん1本分

- エシャレット …… 50g
- ドライプルーン（種なし。レーズンなどで代用可）…… 80g
- 素焼きカシューナッツ（無塩。ほかのナッツで代用可）…… 40g
- オリーブオイル …… 大さじ1
- 赤ワイン …… 大さじ3
- 塩 …… 小さじ1

《作り方》

① エシャレットはみじん切りにする。

② 鍋にオリーブオイルを入れて中火にかけ、①を入れて透明になるまでじっくり炒める。

③ カシューナッツを加え、さらに炒める。

④ プルーンを加えてよく炒め、赤ワイン、塩を加えて赤ワインの香りが立ったら火を止め、ハンディブレンダーでペースト状にする。

⑤ ④をびんに詰める。

💡 *Idea* レーズンバター風味のオードブル

パンやクラッカーに「エシャレットとドライフルーツのパテ」とバターをたっぷりのせてオードブルに。レーズンバター風でワインにぴったり。酸味のあるパンに合う。クリームチーズもおすすめ。

 そのまま ローストポークに添えて 　まぜる チャツネの代わりにカレーや煮込み料理のコク出しに

冬のびん詰め

Winter

冬の畑は寒くて冷たくて、まるで荒野のよう。

そんな中でも、葉ものは元気で健気な思いがします。

カリフラワーを初めて生で食べて、

そのジューシーさに感激したのも冬の畑でのことでした。

花蕾がお日様に当たらないように

葉っぱを折りたたみながら、一株ずつ、

大事に育てるカリフラワーってなんてぜいたくなんだろう。

鈴なりに実がついてポコポコ採れる芽キャベツも

鉄板の上でオリーブオイルと炒めるだけで甘い！

人間が寒さで縮こまっているのに、

こんなにおいしく野菜が育つなんて……。

自然の凛とした美しさを感じてしまうこの時期の畑です。

香味野菜オイル

⇒作り方は92ページ

Idea

和風ガパオライス

懐かしい和風の味わい。
食物繊維も手軽にとれる。

ゴボウとニンジンの
炊き込みごはんの素

まぜる

⇒作り方は93ページ

Arrange

炊き込みごはんの
おにぎり

香味野菜オイル

《材料》 140mlのびん1本分

- 長ネギ …… 1/3本(約30g)
- ニラ …… 10g
- ニンニク …… 1かけ
- 植物油 …… 大さじ3 1/3
- a 植物油 …… 大さじ1 2/3
  しょうゆ …… 大さじ1 1/3

《作り方》

① 長ネギは薄めの小口切り、ニラはみじん切り、ニンニクは薄切りにする。

② 植物油と①を鍋に入れて弱火で10分間ほど、野菜の水けをとばしながら煮詰める。

③ ②にaを加え、よくまぜる。火を止め、びんに詰める。

Idea 和風ガパオライス

ごはんに目玉焼きをのせ、「香味野菜オイル」を好みの量添えれば、あっという間にガパオライス風の一皿に! また、目玉焼きの代わりにカツオのたたきなどにすれば、食欲そそる和食丼に。

 そのまま ギョーザや鍋のたれに

まぜる ごはんと卵と炒めてチャーハンに。卵かけごはんにも

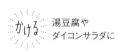 かける 湯豆腐やダイコンサラダに

ゴボウとニンジンの炊き込みごはんの素

《材料》 450mlのびん1本分

- ゴボウ(小) …… 1本(約130g)
- ニンジン …… 1/2本(約80g)
- 昆布(はさみで細く切る) …… 5×10cm 1枚
- 酒 …… 大さじ1 1/3
- しょうゆ …… カップ1

《作り方》

1. ゴボウはたわしでこすり洗いし、皮をこそげ、ささがきに。ニンジンは長さ3cmくらいの細切りにする。

2. 鍋に1と昆布、水大さじ1 1/3、酒、しょうゆを入れてふたをし、中火にかける。沸騰したら弱火にし、10分間ほど煮る。

3. ヒタヒタ程度に煮詰まったら火を止める。まず具をびんに詰め、完全につかるまで、残った汁を注ぐ。

Arrange 炊き込みごはんのおにぎり

《9〜10コ分》
洗って水けをきった米3合と「ゴボウとニンジンの炊き込みごはんの素」1本分(汁ごと)を炊飯器に入れ、3合の目盛りまで水を加えてよくまぜ、炊き込みごはんモードで炊く。

 まぜる 鶏肉と車麩のうま煮に   まぜる 卵とじに   まぜる あんかけの具に

オイルも
風味があって活用度大!

芽キャベツの
オイル漬け

⇒作り方は98ページ

Arrange

芽キャベツと
じゃこのパスタ

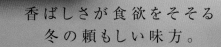

香ばしさが食欲をそそる
冬の頼もしい味方。

ネギみそ

⇒作り方は99ページ

Idea

こんにゃくと
ダイコンのみそ田楽

芽キャベツのオイル漬け

《材料》 400mℓのびん1本分

- 芽キャベツ …… 15〜20コ（200g）
- 塩 …… 小さじ½
- オリーブオイル（グリル用） …… 小さじ2
- オリーブオイル（仕上げ用） …… カップ⅔〜1

《作り方》

1. 鍋に湯を沸かし、芽キャベツを3〜4分間ゆでる。オーブンを180℃に温めておく。

2. ボウルに水けをよくきった芽キャベツ、塩、オリーブオイル（グリル用）を入れてよくなじませる。天板に広げ、予熱したオーブンに入れて15〜20分間焼く。

3. 芽キャベツに少し焦げ目がついたらオーブンから取り出し、びんに入れ、ヒタヒタになるまでオリーブオイル（仕上げ用）を注ぐ。

Arrange 芽キャベツとじゃこのパスタ

《2人分》 パスタ180gはたっぷりの湯で袋の表示時間どおりにゆでる。フライパンに「芽キャベツのオイル漬け」のオイル大さじ2と具の芽キャベツ8〜10コと、ちりめんじゃこ2つかみ（約30g）を入れて炒め、パスタのゆで汁玉じゃくし2杯分を加え、中火で軽く煮詰める。湯きりしたパスタを加え、塩で味を調える。仕上げに黒コショウと削ったチーズ適量をかける。

 オードブルや付け合わせに

 残ったオイルは風味がよいので炒め油としておすすめ

 ジャガイモ（皮ごと一口大に切る）をオイルに浸して芽キャベツと一緒にグリルする

ネギみそ

《材料》 200mlのびん1本分

- 長ネギ …… 1本（約100g）
- 植物油 …… 大さじ1
- 酒 …… 大さじ1
- みそ（好みのものでもよい）…… 100g

※好みでニンニクを加えても。

《作り方》

① 長ネギは5mm幅の小口切りにする。

② 鍋に植物油を熱し、①を入れ、しんなりするまで炒める。

③ 酒を加えてアルコール分をとばしたら、火を止める。

④ みそを入れ、再度弱火で焦がさないように気をつけながら、へら
などでよくまぜる。

⑤ びんに④を詰める。

💡 Idea　　こんにゃくとダイコンのみそ田楽

だしで炊いたこんにゃくやダイコンのほか、お好きな
具材に「ネギみそ」をのせて、体の芯からぽっかぽ
かに。ユズの皮や梅干しを練り合わせ、風味を変え
て楽しむのもおすすめ。

 ごはんや
生野菜にのせて

 マヨネーズとまぜて
野菜スティックの
ディップに

 豚ひき肉と炒めて
肉みそに

そのまま

ピリ辛の青菜で作る
フレッシュなマスタード。

マスタードマスタード

⇒作り方は102ページ

雪みたいにふわふわのディップは
パーティーの引き立て役。

カリフラワーディップ

かける

⇒作り方は103ページ

マスタードマスタード

《材料》 90mℓのびん3本分

- カラシナ、ワサビナなど※ …… 合わせて130g
- 粒マスタード …… 30g
- オリーブオイル …… カップ½
- 塩 …… 小さじ½

※ グリーンマスタード（カラシナの一種）など、辛みのある葉もの野菜ならなんでも可。

《作り方》

① カラシナなどの葉は、よく洗って水けをきっておく。

② ①を細かく刻み、粒マスタード、オリーブオイル、塩と一緒に、ハンディブレンダーでなめらかになるまで撹拌し、びんに詰める。

💡 *Idea* サーモンのオープンサンド

ピリ辛系の青菜を加熱せずソースにする「マスタードマスタード」は、野菜感たっぷりのままカラシの代わりに使えます。スモークサーモン、さらしタマネギとバゲットにのせれば華やかな一品に。

 煮込み料理の風味づけに

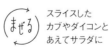 スライスしたカブやダイコンとあえてサラダに

カリフラワーディップ

《材料》 180mℓのびん2本分

- **カリフラワー** …… ½コ（約250g）
- **タマネギ** …… ¼コ（約50g）
- **オリーブオイル** …… 大さじ3
- **白ワイン** …… カップ¼

a | 塩 …… 小さじ1
| コショウ …… 少々
| オリーブオイル …… 大さじ2

《作り方》

1. カリフラワー（茎の部分は皮をむく）とタマネギは、それぞれ小さめのザク切りにする。

2. 鍋にオリーブオイルを入れ、中火で❶のタマネギをよく炒め、しんなりしてきたら、カリフラワーを加えてさらに炒める。水大さじ2と白ワインを加え、ふたをして10分間ほど蒸し煮にする。

3. 野菜が柔らかくなったら火を止め、ハンディブレンダーで撹拌する。なめらかになったら**a**を順に加え、よくまぜ、びんに詰める。

💡 *Idea* グリルソーセージのディップ添え

マッシュポテトのように、「カリフラワーディップ」を肉や魚料理の付け合わせに。ボリュームたっぷりのソーセージなど、脂っこいものもサッパリ食べられます。

 野菜スティックのディップに

 倍量の豆乳や牛乳でのばして温め、スープに

ビーツ&ダイコン、ゴボウ&ニンジン
ほか好みの根菜で!

根菜の宝石マリネ

⇒作り方は106ページ

Idea

根菜と
グリーンリーフのサラダ

根菜の宝石マリネ

《材料》 200㎖のびん各3本分

Ⓐ ビーツとゴボウの赤いマリネ

- ビーツ(テーブルビート) …… 200g
- ゴボウ(小) …… 1本(150g)

a
水 …… 240㎖
酢 …… 80㎖
オリーブオイル …… 大さじ1
塩 …… 小さじ2
砂糖 …… 小さじ½
昆布 …… 5×15㎝ 1枚
黒コショウ(粒) …… 10粒
ローリエ …… 1枚

Ⓑ ダイコンとニンジンの モザイク・マリネ

Ⓐのビーツとゴボウをダイコンとニンジンにかえて(サイコロ形に切る。ゆで時間はⒶと同じ)、カラフルな組み合わせに。紫ニンジンを使用すると、104ページの写真のように、液がほんのりピンク色に染まります。

《作り方》

1. ゴボウはたわしでこすり洗いし、皮をこそげる。厚めの輪切りにし、沸騰した湯で3～4分間ゆでる。

2. ビーツは葉を切り落としてよく洗い、皮ごと半分に切る。沸騰した湯で3～4分間ゆで、皮をむいて、サイコロ形に切る。

3. 鍋にaをすべて入れて煮立たせ、ツンとくる酸味をとばす。味をみて、まろやかになってきたら火を止める。

4. びんにゴボウとビーツを入れて、3のマリネ液を注ぐ。

💡 *Idea*　根菜とグリーンリーフのサラダ

「根菜の宝石マリネ」にはオリーブオイルが入っているので、そのままグリーンサラダのトッピング兼ドレッシングとして使えます。

 まぜる　ゆでた鶏のささ身とマヨネーズであえておつまみに

まぜる　ゆでた雑穀とあえてタブレ風に

冬の葉ものが万能調味料に！
「青菜仕事」の楽しみ

　レシピの始まりは、ダイコンやカブの「葉」の食べ方に悩んだことでした。ゴマ油で炒めたり、おみそ汁に入れたりと調理がワンパターンになりがちで、苦みも残ることから、子どもにはあまり歓迎されない葉っぱたち……。けれども実は、コマツナやホウレンソウにも勝るほどの栄養素を含んでいる、冬の畑のお宝なのです。「もっと活躍させたい！」とびん詰めレシピを考えたところ、薬味をきかせた王道の味が出来上がりました。

　材料も作り方もシンプルなぶん、さまざまな使い道があるのがこのレシピのいいところ。そのままでごはんのお供にもなるし、ギョーザや肉だんごのタネ、チャーハン、スープなどに加えれば、具と調味料を兼ねてくれます。重宝するから、大量の根菜や青菜が収穫された時にも、持て余すどころか「やったー！ あれ作ろう！」という前向きな気持ちになって、もくもくと葉を刻む作業も楽しいものに。たくさんの青菜を片付けられる仕事という意味で、「青菜仕事」と呼ぶようになりました。そうして先に頑張っておけば、あとで忙しい時にそのびん詰めが助けてくれるのです。

　青菜のほか、ハクサイなどでもおいしく作れます。葉ものがたくさん手に入ったら、何はともあれ「青菜仕事」を仕込んでおけば安心なのです。

青菜仕事

《材料》 200mℓのびん4〜5本分

- ハクサイ、ダイコンの葉など季節の葉もの野菜
  …… 合わせて600g
- 長ネギ(みじん切り) …… 1本分(約100g)
- ショウガ(みじん切り) …… 30g
- ニンニク(みじん切り) …… 1かけ分
- 植物油(炒め用) …… 70mℓ
- しょうゆ …… 大さじ2強
- 酒 …… 大さじ2
- ゴマ油(仕上げ用) …… 大さじ2½
- 塩 …… 適量

《作り方》

1 葉っぱ類は、すべてみじん切りにし、塩少々をふって軽く混ぜる。5分間ほどおいてしんなりしたら、水けを絞る。

2 鍋に植物油(炒め用)を入れ、長ネギ、ショウガ、ニンニクを中火でじっくり炒める。香りが立ってきたら❶を加え、よく炒める。

3 しょうゆ、酒を加えて煮詰める。ゴマ油(仕上げ用)を加え、塩少々で味を調えてからびんに詰める。

＼ こんな野菜が手に入ったら ／

ダイコンの葉／カブの葉／ハクサイ／タアサイ／チンゲンサイ

青菜仕事を使った料理

Arrange （まぜる）

そぼろごはん

《2人分》 植物油少々を入れて温めたフライパンに豚ひき肉200gと「青菜仕事」½本分を入れてよくまぜながら炒める。鍋肌にしょうゆ小さじ1を回し入れて、香りが立ってきたらごはんにのせる。仕上げにちぎったパクチー（ミツバなどでもよい）をのせる。

Arrange （まぜる）

鶏だんご鍋

《2人分》 鶏ひき肉200gに「青菜仕事」大さじ2〜3を入れてよくまぜ、タネを作る。鍋に湯を沸かし、スプーンですくったタネを落とし入れる。ハクサイ、長ネギ、春雨など好みの具材を加え、ゴマ油・しょうゆ・コショウ（各適量）で味を調える。

 白いごはんにのせて

 豆板醤（トーバンジャン）とみそをまぜてあんを作り温めた木綿豆腐にかければマーボー豆腐風に

 戻した干しシイタケ、タケノコの水煮（どちらもせん切り）と炒めて春巻きの具に。

ABOUT

Farm Canning

1. びんの選び方

「食べきれる量」と
「中身」で選ぶ

　ファームキャニングで使うびんは、煮沸消毒するのでガラス製の素材のものを。自家製のびん詰めは、市販品と違って無添加なので、封を開けたら1週間以内に食べきるのが基本です。そのため、保存びんは、1〜2回で食べきれる量のものを選びます。ドレッシングやソースなど注ぐものは細長いびんに、ペーストは小さなびんに保存すると、食べるときに使いやすくなります。

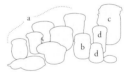

口が広くて背が低いタイプのびんは、中身が取りだしやすく、テーブルにそのまま出して器感覚で使えます。

1回で食べきれる量が入る140㎖程度のびん。おすそ分けにもちょうどいいサイズです。

細長いびんは、注いで使うものなどを入れるのに最適で、並べる場所も取らず省スペース。

ⓐ WECK ウェック
ドイツの大手メーカー。さまざまなサイズや形をそろえていて、そのままテーブルに出してもサマになるデザイン。ふたの種類も豊富。
http://www.weck.jp

ⓑ Bormioli Rocco ボルミオリ・ロッコ
ⓒ Le Parfait ル・パルフェ
量販店などでも比較的手に入りやすいもの。ⓑはイタリア、ⓒはフランスの代表的メーカー。
https://www.leparfait.jp

ⓓ「ちゅうくう」
脱気にも最適な業務用のびんをたくさんそろえている、国産ガラスびんの卸問屋さん。
https://www.chuku.jp

脱気する場合はふたの形をチェック

　びんの中の空気を追い出して、より保存性を高める方法に「脱気」があります（やり方は114〜115ページを参照）。脱気して使いたい場合は、ふたの種類をチェック。

　❶は「スクリュー式」と呼ばれるタイプで、ふたの側面がねじ状になっています。普通に保存するぶんには汁けのあるものを入れるのにも安心ですが、力加減によってふたが固く締まるため、脱気には向きません（できないわけではありませんが、脱気をするとふたが固く締まりすぎて、開かなくなる場合があります）。

　❷は「ツイスト式」と呼ばれるタイプで、ねじ状にはなっておらず、ふたの部分に「ツメ」があるのが特徴。このツメが、脱気によりふたが締まりすぎるのを防ぎます。なお、ふたが脱気に対応するのは、基本的に1回のみ。脱気によりふたが劣化するため、そのつど、取り替えるのがベストです。

　❸は「ゴムパッキン式」と呼ばれるタイプで、脱気に対応。開ける時には、ゴムを引っ張り密閉を解消します。やはり脱気によりゴムが劣化するため、傷んできたらゴムだけ買い替えながら使います。

2.「脱気」でより長く保存

煮沸したびんに詰めれば冷蔵庫で1週間は保存することができる
ファームキャニングのレシピですが、正しく脱気をすれば、さらに長
期間の保存（常温で3か月〜半年間）が可能になります。

1 煮沸消毒したびん（写真
のびんは容量230㎖）に、
調理したものを熱いままの
状態で八分目まで入れ、
ふたを締める。ふたは最
後まで締めきらず、少し
手前で止めておく。

2 鍋にびんを入れ、ぬるま
湯をびんの肩の高さまで
注ぎ、火にかけ沸騰させ
る。

3 ガラスびんは温度差が
40℃以上になると割れる
ため、煮沸中に水かさが
減ってきたら、温かい湯
をつぎ足す。

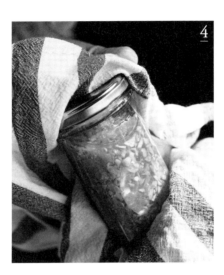

4 沸騰してから15〜30分間たったらびんを取り出し、ふたを一瞬、素早くゆるめたあと、きつく締め直し、脱気する。びんのふたを締め直す際は、やけどしないよう注意する。

5 4のびんを熱いまま鍋に入れ、再度火にかける。沸騰したら、そのまま15〜30分間入れたままにし、さらに殺菌する。

6 鍋からびんを取り出して自然冷却させる。ふたがへこんだら完成。

脱気のコツ

　びん詰めを温める際、中身の温度が十分に上がっているとうまくいきます。いったんふたをゆるめてきつく締め直す際に、「シュッ」と音がすれば大丈夫。逆に音が鳴らない時は、中身が脱気に十分な温度に達していない可能性が高いので、もう一度沸騰させて温めて。

　また、冷めるまでの時間も成功の目安になります。鍋からびんを取り出して30分以内に30℃以下になるのが理想。夏場など、作業場の気温が高い場合はなかなか温度が下がらないことがあるので、そういう時は粗熱が取れたあと、流水でびんごと冷ますと安心です。

〜もっと畑を日常に〜

「食」を通して、
自然とつながる暮らし

私たち家族は、縁あって東京から神奈川の葉山、逗子に移り住みましたが、
どんな場所に暮らしていても、「食べること」を通じて、
私たちは自然の恵みを受け取っています。
しかし自分が日々食べているものの背景をどれだけ知っているかと問われると、
なかなか答えられない。知ることすら難しいのが現実です。
もし誰が、どんな思いでその食べ物を作っているのかを知ることができたら、
より一層感謝の気持ちや、おいしさが増すのに。
そして食卓を囲むたびにそんな気持ちになることができたらどんなに豊かだろう……。
そんな想いで2016年、「もっと畑を日常に」をコンセプトにした事業
"FARM CANNING"を立ち上げました。
そこに至るまでの私の想いを、この本の最後につづらせてください。

桃源郷との出会い

「こんなにいっぱいよもぎが生えてる!」

東京から葉山に引っ越してきて、一面に広がる自生のよもぎに、私は思わず声を上げました。友人の紹介で訪れた農園の道端に、ふわふわと茂っている様子に喜んでいると、農園の人から「好きなだけ持って行きな」とうれしいひと言が。私は、当時0歳だった下の子をおんぶし、上の子の手をひきながら、たくさんのよもぎを摘み取りました。

そうして自宅に帰るとすぐさまよもぎだんごを作り、その日のうちに再び農園へ。気前よく摘み取らせてくれたお礼に、作りたてのだんごをおすそ分けしたかったのです。フットワークの軽い私を気に入ったのか単に人手不足だったのか、農園の人は「収穫のお手伝いをしてみない?」と声をかけてくれました。子連れでOK、手伝いと引き替えに畑の野菜が採り放題という、私には願ってもない話。二つ返事で引き受けました。もともと子どもたちを自然に触れさせたい、採れたての野菜が手に入るような場所で暮らしたいとの想いで、海と山のある街に移り住んだからです。

子どもたちを野っ原に放ったり、畑の横で遊ばせたりしながら農作業を手伝うのは、最高に豊かな時間でした。ふだん食べている野菜が、こんなふうに実っていくのだと知ることがとてもおもしろく、つまみ食いする野菜のおいしさにも感動するばかり。何より、広い空の下で土を踏みしめながら緑に囲まれているだけで、とっても気持ちがいい。季節ごとに

変わっていく農園の様子に魅せられて、最初の一年はあっという間にすぎていきました。

やがて農園側から「この場所をもっと多くの人に知ってもらいたい」と相談を受け、「食」や「場づくり」をテーマとする事業を立ち上げることに。それが"FARM CANNING"でした。当初、ひとりでスタートしたよちよちの事業ではありましたが、誰にとっても心地よく、社会的にも意味のあることを仕事にしようと考えていました。サスティナブルな社会に対する意識の原点は、10代のころの経験にさかのぼります。

元ヒッピーのホストマザーに、価値観をひっくり返される

私が「オーガニック」や「エコロジー」の考えを、最初に身近に感じたのは高校時代です。1年間のドイツ留学でお世話になったホストが、元ヒッピーでベジタリアンなシングルマザーでした。シャワーを浴びれば「お湯、出しすぎよ！」とバスルームの扉を叩かれ、オーブンを開けっ放しにすると「早く閉めなさい！」と注意され……。ホストマザーの口癖は「エネルギーがもったいない」。水道代や電気代など「お金のムダ」ではなく、「エネルギーのムダ」という概念を知ったのは、この時が初めてです。

ホストマザーから私は相当鍛えられ、かつ大きな影響を受けました。今まで自分の考えだと思っていたことが、実は全部親の

考えであり、親の価値観だったと思い知らされる日々。私が信じていた「常識」も、ドイツの母親には通用しません。家事はすべて分担制で、食べ物もすべて自然なものかチェック。私がうっかり何かを頼むと「どうして私がしなくちゃいけないの?」とか「私はイヤだからやらないわよ」と言い放つのでした。私が物事を決めかねて相談をすると「あなたのことはあなたが決めるの。私はあなたじゃないから分からないわ」と言われたり。

　そうやってポンポンと肩を叩かれながら私は、ちょっとずつ逞しくなっていったと思います。頼りにするのは自分しかいない。いじけても誰もなぐさめてくれないし、自分を褒めてあげられるのも、自分だけ。他人のジャッジを気にせずに、自分が好きな選択をすればいいのだと気付かされました。

　そんなホストマザーが仕事について話してくれた日のことは強く印象に残っています。村の自然食品店で9時から5時まで働く彼女は、小さなアパートに息子とふたり暮らし。ホームステイをする私に自分の部屋を明け渡してくれたため、1年間、リビングにマットを敷いて寝ていました。食卓には、自然食品店から持ち帰った賞味期限切れの食材がたびたび並びます。けれど彼女の作るシンプルな食事はとってもおいしい!慎ましい生活を送りながらも、マザーは誇りに満ちた表情で、「私はこの人生と、今の仕事を愛しているのよ」と言いました。何とかっこいいのだろう!!　そんなことを言う大

人を、私はそれまで見たことがありませんでした。自分の望むものをきちんと理解し、自分の意思で選択して生きている彼女がすごく自由に見えて、私もそんなふうに生きたいと感じた瞬間でした。

ある時は、私からマザーに「どうしてベジタリアンなの?」と聞いてみたこともあります。すると彼女は「説明しても、すごく難しいから分からないと思う」と言いました。そして、「きっとあなたは20年後に分かる」とも。

なぜ教えてくれないのだろう。当時はそう思いましたが、今ならやっと彼女の気持ちが分かるような気がします。人間のエゴで好き勝手に環境を壊し続けて生きるのではなく、「自然という大きな生態系のシステムの中で自分を位置付けて暮らしていく」という考えを実践していたのではないかと──。

偶然にもあれから20年後の私が、"FARM CANNING"を通じて、自然と共生する社会づくりにチャレンジしているのは、まるで彼女の予言どおりだなあと、不思議な想いです。

「食」を通じて社会問題とつながり始める

帰国後は、国際機関で児童福祉に関わる仕事がしたいという夢があったものの、若いうちはいろんなことに挑戦しようと決め、大学時代はあえて就職活動をせず、興味の赴くままにさまざまな仕事を経験しました。食いしん坊な私が趣味の延長で知人や友人に料理を届け始めたのもそのころでした。

大学を卒業すると、オーガニックカフェの立ち上げに誘われて、趣味や志向の近い女性オーナーの下でマネージャーとして働きました。安全安心な食材調達はもちろん、食べる人の健康や心の状態も考慮した店づくり。そんなオーナーのこだわりを形にしていくのは困難の連続でした。飲食業界自体が初めてなのにインドの伝統医学アーユルヴェーダのレシピを日本人向けに開発したり、女性の健康をサポートするマッサージプログラムを展開したり。しかし、オーガニックカフェという職場だからこそ、食を通して健康や環境問題、社会問題について学ぶことができたのです。フェアトレードのオーガニックコットン下着の輸入や、海外の児童労働に関わるチャリティーイベントなど、自分のやりたい企画も実現させてもらえたことには感謝の気持ちしかありません。

　当時は毎日が目の回るような忙しさ。自分が何人いても足りないような状態でした。結婚し、第一子の長男を産んだあとも、朝から夜中まで走り抜ける日々。でも、次男を授かった時に、家族との時間を大切にしようと決めました。思いきって退職し、自分と家族の暮らしを見直すために、「まずは1年間、試しに住んでみよう」という気持ちで、三浦半島の葉山に住まいを移したのです。

「もっと畑を日常に」を
合い言葉に

　葉山に来て意外だったのは、買い物事

情が東京とあまり変わらなかったこと。地産
地消、オーガニックな暮らしを求めるには都
心に近すぎたのか、スーパーに並んでいる
野菜が遠い産地から運ばれてきたものだっ
たり、たとえ地元産でも無農薬ではなかった
りで、最初のころは生協の宅配を頼ってい
ました。新鮮な畑直送の食材が地元で手に
入ることをイメージしていたのに……とがっく
りきていたちょうどそのころ、冒頭に書いた農
園に出会えたのです。

　自分がアンテナを強く張り巡らせていると、
必要な情報と出会いはやってくるようです。
その後、葉山から逗子に引っ越し、子どもた
ちを野外保育や畑仕事を取り入れた保育
園に通わせ始めると、その縁からパーマカル
チャー(*)について学ぶことになり、農業や環
境に対する理解がより深まっていきました。

　さて、通い始めた農園から、「この場所を
知ってもらうための事業」について相談され
たことは前述しましたが、その時言われたの
が、「消費する場所」ではなく、「何かを生
み出す場所」にしたいということ。収穫体験
だけのイベントにはしたくないというのが、農
園側と私の共通の気持ちでした。ふだん畑
に関われない人でも、ここを訪れることで、そ
のあとの毎日が少しでも変わるきっかけにな

れば と、半年ほどかけてじっくりプランニング
しました。そこで生まれたのが、欧米の家庭
で伝統的に行われてきた自家製のびん詰め
「HOME CANNING」からヒントを得た、
"FARM CANNING（畑のびん詰め）"と
いうコンセプトです。

　農園に集まった人たちが畑で野菜を育
て、その日の収穫物をみんなで調理し、び
ん詰めにして持ち帰るプログラムを提供しよ
うと思いました。都市近郊型の農園を訪れ
るのは、都会に住む人が多いから、せっか
く自然の中で農業体験をしても、また忙しい
日常に戻る人がほとんどなはず。でも、家に
帰ってびん詰めのふたを開ければ、日常の
中に畑がふたたび現れます。これを採って
た時は雨で寒かったなあとか、子どもたちが
泥んこになってはしゃいでいたなあとか、体
験や時間がよみがえってくる。レシピもお渡
しするから、ふだんの料理でも野菜をまるご
と使う機会が増やせるかもしれません。あら
ゆる意味で「畑と日常をつなぐ存在」として、
「畑のびん詰め」を考えたのです。

　それから3年がすぎて仲間も増え、現在の
"FARM CANNING"は畑でのスクール
事業のほか、びん詰め加工販売事業と、ケー
タリング事業の3本柱で運営しています。

　びん詰めの商品化は、無農薬や有機栽
培など、環境に配慮した農業に向き合って
野菜を作っている生産者さんたちの苦労を
目の当たりにしてスタートしました。自然界で
育つ野菜は、ひとつとして同じものはありま

*パーマカルチャー
permanent（パーマネント。
永続性）とagriculture（アグ
リカルチャー。農業）、culture
（カルチャー。文化）から作
られた言葉。1970年代に
オーストラリアのビル・モリソン
とデビット・ホルムグレンが提
唱した。「永続可能な農業を
もとに永続可能な文化、即
ち、人と自然が共に豊かにな
るような関係を築いていくた
めのデザイン手法」（パーマ
カルチャーセンタージャパン
による定義）。

せん。大小や色、形の差異があって当たり前。人間にも個性があるのと同じです。それなのに、出来た野菜が「規格外」だと、出荷できなくなってしまう……。そんな「もったいない野菜」をどうにかしたいと、私たちが引き取ってびん詰めに加工し、販売しています。

また、より多くの野菜を活用するためにケータリング事業も始めました。使い捨て容器を使わないなどゴミを極力出さないようにする一方で、「これらが実は捨てられる運命の野菜だった」とメッセージを添え、食べた人が何かを感じてくれたらいいなと思っています。

いざ自分が畑仕事に関わってみて初めて分かったのですが、農薬を使わずに野菜を育てるのって、本当に大変なのです。環境や、持続可能な社会づくりのためにチャレンジしている生産者さんたちは、実にまっとうなことをしているのに、人間が効率のためにつくったシステムのために苦しめられる。そんな不条理を放っておけなくて、微力ながらもサポートしたいと手探りで事業を進めています。

もうひとつ、私たちがびん詰めを作るのには目的があります。それは、忙しくて料理ができずにモヤモヤしている人たちに、もっとラクをして楽しんでもらうこと。

かつての自分も、仕事が忙しいあまり、暮らしをなおざりにしていました。そういう時って、罪悪感のようなものを抱えがちですが、私は誰もがていねいで正しい食事をするべ

きだとは思っていません。「正しさ」を追求するあまりに自分が苦しくなってしまっては幸せとは言えないから。手を抜いてもいいから、大切な人たちと笑顔で食卓を囲んでほしい──。心からそう願います。それぞれの立場でできることをして、誰もが気持ちよく生きることができる世の中を目指したいのです。

本書も、皆さんの暮らしが楽しくなるほうへ、ラクになるほうへ、役立てていただけたら幸いです。

Celebrate Life!
すべてのいのちを祝福したい!

私たちは決して一人で生きているわけではないこと。

母なる大地のもと、ほかの生き物と一緒にいのちの循環を担っている一部であるということ。そうしたことを忘れたくないと思います。土に触れ、自然の営みの美しさを誰かと分かち合えていれば、めぐりめぐって自分のいのちの輝きに気付けるような気がします。たとえ畑を耕さなくても、近くに自然がなかったとしても、毎日食べるお米や野菜、果物を通して、自然からの恩恵や、作り手に思いをはせることができる。

そんな温かい気持ちのこもった「おいしいね」が、ひとりでも多くの人に訪れ、自分らしい人生を謳歌する力になりますように。そんな願いを込めて、大いなるおせっかいをこれからも続けていこうと思うのです。

野菜別INDEX

●副材料として使う場合はカッコ表記してあります。

写真提供／Yuka Yanazume

Thank you,
all my friends.

西村千恵

にしむら・ちえ ファームキャニング合同会社代表。東京生まれ、神奈川県逗子市在住。2児の母。「もっと畑を日常に」をコンセプトに、収穫物をびん詰めにするスクールを主宰。無農薬や有機栽培で育てられたものの、「規格外」で出荷できない野菜で作ったびん詰めを生産、販売するほか、「サステナブル」(持続可能性のある)をテーマにしたケータリング事業を展開。また、6次産業支援や加工品の講座、フードロスをテーマにしたイベントなども開催している。
www.farmcanning.com

アートディレクション／俵 拓也(俵社)
デザイン／澤田桃子、佐藤由貴(俵社)
撮影／鍋島徳恭
イラスト／大森木綿子
スタイリング／
来住昌美
(cover,1,6-7,10-11,16-17,22-23,26,28-29,30-31,34-35,36-37,44-45,48-49,58-59,76-77,84,90-91,94-95)

西﨑弥沙
(14-15,20-21,42-43,50-51,54-55,62-63,68-69,70-71,74-75,80-81,82-83,88-89,96-97,100-101,104-105,109)

校正／桂 操緒(ケイズオフィス)
DTP協力／ドルフィン
撮影協力／パラダイスフィールド
編集協力／石川理恵
編集／福田直子(NHK出版)

野菜まるごと　畑のびん詰め
～季節のファームキャニング

2020年2月20日　第1刷発行

著者　西村千恵
© 2020 Chie Nishimura
発行者　森永公紀
発行所　NHK出版
〒150-8081
東京都渋谷区宇田川町41−1
TEL.0570-002-049(編集)
TEL.0570-000-321(注文)
ホームページ http://www.nhk-book.co.jp
振替 00110-1-49701
印刷・製本　共同印刷